Usborne

Mi primera
enciclopedia de
dinosaurios
y el mundo prehistórico

Sam Taplin

Diseño: Keith Newell y Mark Franklin

Ilustraciones: David Hancock

Asesor: Dr. Michael Benton
Traducción: Daniel Nogués Durán
Redacción en español: Pilar Dunster y Anna Sánchez

Links de Internet

En Internet hay gran cantidad de sitios interesantes en los que puedes averiguar más cosas sobre la vida en la Prehistoria. Los recuadros "Link de Internet" proporcionan una breve descripción de las páginas web que puedes visitar desde el sitio Quicklinks de Usborne. Para enlazar, haz clic sobre **www.usborne-quicklinks.com/es**, busca el título del libro y sigue las instrucciones.

Aquí tienes algunos ejemplos del contenido de los links:
- Dinosaurios para imprimir y colorear a tu gusto.
- Explicación de cómo se montan los esqueletos tan enormes que hay en los museos.
- Página para dino detectives a la caza de fósiles.
- Creación de modelos de dinosaurios de papel.

La seguridad en Internet

Asegúrate de que sigues estos consejos cuando navegues por Internet:

- Pide permiso a tus padres o tutores antes de conectarte a Internet.

- No debes dar nunca información personal (nombre y apellidos, domicilio, teléfono) cuando estés conectado a Internet.

- No debes quedar nunca en encontrarte con alguien que has conocido a través de Internet.

- Si un sitio de Internet te invita a que entres o solicita que te inscribas dando tu nombre o tu dirección de correo electrónico, debes pedir permiso a tus padres o tutores.

- No debes contestar si recibes un correo electrónico de alguien que no conoces. Debes informar a tus padres o tutores.

Ilustraciones para descargar

Las ilustraciones con una estrella ★ se pueden descargar gratuitamente desde nuestra página de enlaces. Puedes imprimir las ilustraciones siempre que sean para tu uso personal, por ejemplo para tareas escolares, pero no se deben copiar ni distribuir con fines comerciales. Visita **www.usborne-quicklinks.com/es** para acceder a las ilustraciones y sigue las instrucciones.

¿Y si no funciona el link?

Aunque actualizamos periódicamente los enlaces, puede que en alguna ocasión aparezca un aviso en pantalla indicando que el sitio que buscas no está disponible. Este problema puede ser pasajero, por lo que conviene volver a probar más tarde o al día siguiente. Si algún sitio deja de existir, tratamos de sustituirlo con otro parecido. En Quicklinks encontrarás una lista actualizada de los enlaces.

¿Qué equipo se necesita?

Puedes acceder a la mayoría de los sitios web que se describen en este libro con un ordenador personal y un navegador (el software que permite ver la información que hay en Internet). Algunos sitios requieren programas adicionales (*plug-ins*) para poder escuchar sonidos o ver vídeos y animaciones. Si no los tienes, aparece un aviso en pantalla y suele haber un botón sobre el que puedes hacer clic para descargar el *plug-in* necesario. También puedes visitar el sitio Quicklinks de Usborne y hacer clic sobre Guía de Internet.

Nota para los padres

Los sitios web descritos en el libro se revisan periódicamente y los links que aparecen en Usborne Quicklinks se actualizan cuando es necesario. No obstante, dado que el contenido de los sitios web puede cambiar en cualquier momento, Usborne Publishing no se hace responsable del contenido de ningún sitio web, a excepción del propio. Recomendamos que se supervise a los niños mientras navegan por Internet, que no entren en los chats y que se instalen filtros en el ordenador para impedir el acceso a contenidos inapropiados. Los padres, los tutores o las personas responsables de los lectores deben comprobar que los niños han leído las normas que figuran en "La seguridad en Internet" (recuadro a la izquierda). Para información adicional, busque la sección Guia de Internet en **www.usborne-quicklinks.com/es.**

NO HACE FALTA ORDENADOR

El libro, por sí solo, es una obra completa.

Índice de materias

En el dibujo, una pareja de raptores carnívoros se acerca sigilosamente a un grupo de hadrosaurios.

El mundo prehistórico

Mucho antes de que apareciera el ser humano, nuestro planeta estaba poblado por animales que ahora llamamos animales prehistóricos. Los más famosos son los dinosaurios.

En la ilustración se muestran los distintos períodos en que vivieron los animales prehistóricos. También se indican las páginas en que encontrarás más información sobre ellos.

Dunkleosteus (página 9)

Anfibio (página 11)

Meganeura (página 13)

Nautiloideo (página 8)

HACE 545 MILLONES DE AÑOS:
Los primeros animales marinos

HACE 495 MILLONES DE AÑOS:
Los primeros peces

HACE 440 MILLONES DE AÑOS:
Los primeros animales terrestres

Dimetrodon (página 15)

Plateosaurus (página 17)

Velociraptor (página 20)

Smilodon (página 48)

HACE 225 MILLONES DE AÑOS:
Los primeros dinosaurios

HACE 50 MILLONES DE AÑOS:
Los primeros caballos, elefantes, perros y gatos

HACE 2 MILLONES DE AÑOS:
Los primeros seres humanos

Distintos tipos de dinosaurios

Existieron dinosaurios de muy diversas formas y tamaños. Algunos eran los animales más grandes que han poblado la Tierra, y otros eran tan pequeños como una gallina. Había dinosaurios que eran pacíficos y se alimentaban de plantas, y otros eran feroces carnívoros que cazaban a otros dinosaurios.

Otros animales

En la época de los dinosaurios existían muchos otros tipos de animales. Algunos volaban por el cielo con alas de piel y otros vivían en las profundidades marinas. También había cocodrilos, tortugas, insectos y pequeños animales con pelo.

Los cocodrilos actuales se parecen mucho a los de la Prehistoria.

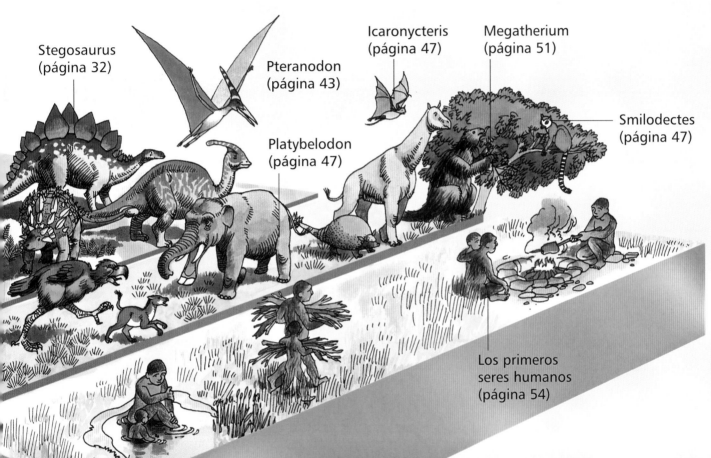

Stegosaurus
(página 32)

Pteranodon
(página 43)

Platybelodon
(página 47)

Icaronycteris
(página 47)

Megatherium
(página 51)

Smilodectes
(página 47)

Los primeros seres humanos
(página 54)

Épocas distintas

En distintos períodos vivieron distintos animales prehistóricos. Con el paso del tiempo, algunos tipos de animales se extinguían y aparecían otros. La mayoría de las especies de animales prehistóricos se extinguieron hace millones de años. En cambio, algunos animales actuales, como las tortugas, apenas han cambiado desde los tiempos prehistóricos.

Link de Internet

Las distintas eras geológicas de la Tierra. Para enlazar, visita: **www.usborne-quicklinks.com/es**

El origen de la Tierra

Los investigadores creen que la Tierra se formó hace 4.600 millones de años. Durante millones de años no hubo vida en la Tierra; el planeta era completamente seco y rocoso.

1. La Tierra se formó a partir de una nube de polvo y gases que giraba alrededor del Sol.

2. La nube de polvo y gases alcanzó tal temperatura que se convirtió en una bola de roca fundida y ardiente.

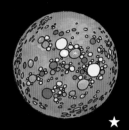

3. Lentamente, la roca se fue enfriando. En la parte exterior se fue formando una capa sólida: la corteza terrestre.

Durante millones de años grandes rocas provenientes del espacio –los llamados meteoritos– chocaron contra la superficie del planeta. La ilustración muestra una lluvia de meteoritos.

—— Meteorito

Los primeros océanos

La Tierra estaba rodeada de espesas nubes. Hace unos 3.500 millones de años comenzó a llover. Llovió torrencialmente durante miles de años, y con el agua acumulada se formaron los océanos y ríos de la Tierra.

Los volcanes lanzaban roca líquida (lava) al rojo vivo sobre la superficie terrestre.

Los primeros seres vivos

La vida comenzó en los océanos. Los primeros seres vivos eran increíblemente diminutos y primitivos, algo parecidos a las bacterias. Lentamente, estos seres minúsculos se fueron transformando en organismos más grandes y complejos.

Hace 545 millones de años en el mar vivian plantas y animales. El alga verde azulada (a la derecha) es una de las plantas más antiguas.

Volcán

La lava fluye por el terreno

Un continente enorme

La Tierra era muy diferente en tiempos prehistóricos. Desde los comienzos del mundo, diversas superficies terrestres se desplazaron por el planeta hasta que se unieron hace 250 millones de años formando un continente enorme.

Pangea

Hace 250 millones de años, las superficies terrestres formaron un enorme continente llamado Pangea.

Más adelante, Pangea se volvió a dividir. La ilustración muestra el aspecto de la Tierra hace 60 millones de años.

7

La vida en el mar

Hace 545 millones de años, en los océanos pululaban cientos de animales increíbles. Algunos no se parecían en nada a los animales actuales.

La Opabinia tenía cinco ojos elevados y una pinza larga.

Ojos

La Hallucigenia tenía largas púas en el lomo para protegerse de otros animales.

Los nautiloideos tenían largos tentáculos y valvas.

Tentáculo

Animales del océano

En los océanos había muchos animales diferentes. En el fondo del océano vivían caracoles de mar, estrellas de mar y animales con valvas. Los escorpiones marinos y otros animales se deslizaban velozmente por el agua.

Los corales son animales diminutos que forman montículos rocosos llamados arrecifes.

Lirio de mar

Esponja

Aunque los lirios de mar y las esponjas parecían plantas, en realidad eran animales.

Los trilobites se arrastraban sobre el lecho del mar.

Los primeros peces

Los primeros peces tenían que succionar el lecho marino para alimentarse, pero los que les siguieron ya poseían fuertes mandíbulas y dientes afilados, lo que les permitía comer una mayor variedad de alimentos.

Cazadores letales

Algunos animales marinos eran expertos cazadores que perseguían y se alimentaban de otros animales. Sus presas tenían valvas duras, escamas y púas que los protegían de los predadores.

Link de Internet

Los tiburones de la Prehistoria. Para enlazar, visita:
www.usborne-quicklinks.com/es

★

Algunos peces eran enormes. El Dunkleosteus era tan largo como un ómnibus.

Algunos peces tenían espinas en las aletas, para evitar ser comidos.

Los escorpiones de mar fueron temibles cazadores. Atrapaban a sus presas con sus afiladas pinzas.

La vida en tierra firme

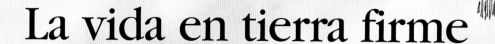

Durante millones de años no hubo seres vivos en tierra firme. Las plantas y los animales terrestres aparecieron hace unos 440 millones de años.

Un Asteroxylon, planta de tallos rectos y gruesos cubiertos de hojas escamosas.

Las primeras plantas

Las primeras plantas en la superficie terrestre necesitaban mucha agua para sobrevivir. Crecían en terrenos húmedos cerca del mar. Más adelante, se adaptaron a crecer en lugares más secos y se extendieron por toda la superficie terrestre.

La escena en estas dos páginas muestra algunas de las primeras plantas y animales terrestres.

Al igual que muchas de las primeras plantas, la Rhynia no tenía hojas.

Tierra y agua

En aguas poco profundas había peces con cuatro aletas, dos en la parte anterior del cuerpo y dos en la posterior. Poco a poco las aletas se transformaron en patas, dando lugar a unos animales nuevos: los anfibios.

El proceso de transformación de las aletas en patas tuvo lugar durante millones de años.

El pez prehistórico de la ilustración contaba con cuatro aletas muy fuertes. Se ayudaba de las aletas delanteras para sacar la cabeza fuera del agua.

Aleta posterior

Aleta anterior

Animales terrestres

Las plantas terrestres proporcionaban alimento a algunos animales. Los caracoles, ciempiés, arañas e insectos fueron de las primeras criaturas que vivieron en tierra firme.

Algunos insectos succionaban el jugo del interior de las plantas.

Otros animales se comían a los insectos.

El Gigantoscorpio era un alacrán del tamaño de un perro. Tenía un aguijón en la cola para picar.

Los milpiés se alimentaban de plantas y hojas muertas.

Este animal con cuatro patas se parecía a un pez. Podía desplazarse en aguas poco profundas con la ayuda de las extremidades.

En el dibujo, uno de los primeros anfibios. Estos animales viven tanto en el agua como en la tierra.

Cola de pez para nadar.

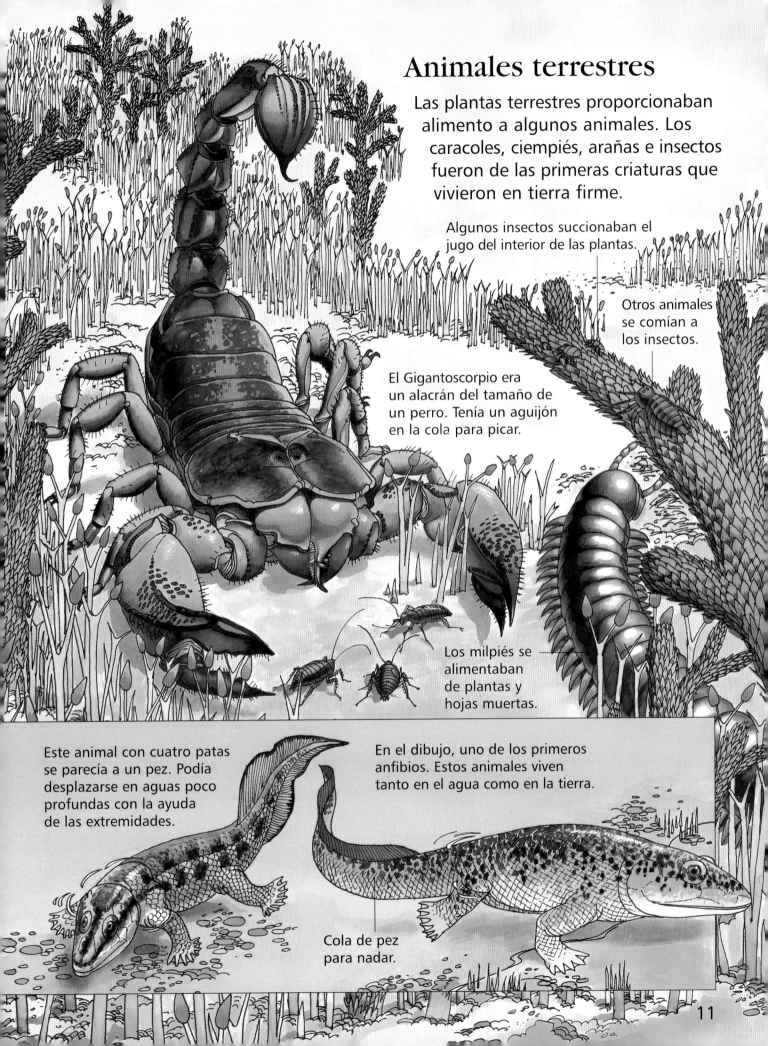

Los bosques pantanosos

Hace unos 350 millones de años, gran parte de la superficie terrestre estaba cubierta por zonas pantanosas, cuya humedad facilitaba el crecimiento de las plantas y de bosques extensos poblados de árboles gigantescos.

Animales de los pantanos

En los pantanos había gran cantidad de insectos y arañas enormes. Entre los árboles volaban libélulas gigantes, que fueron los primeros animales con alas. También abundaban los anfibios.

La escena muestra las plantas y animales de un bosque pantanoso.

Arañas enormes tejían telas para atrapar insectos.

Milpiés gigantes se arrastraban entre la maleza por los bosques.

El Ophiderpeton era un anfibio parecido a una serpiente.

En los pantanos vivían grandes y feroces anfibios que se alimentaban de peces. En el dibujo, el Pholidogaster.

El Diplocaulus era un anfibio con unas extrañas aletas en la cabeza.

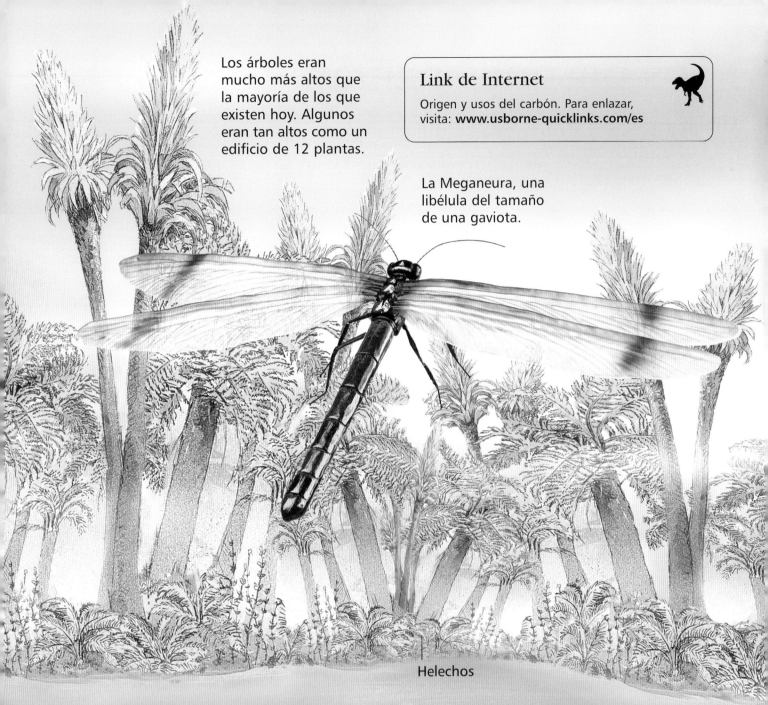

Los árboles eran mucho más altos que la mayoría de los que existen hoy. Algunos eran tan altos como un edificio de 12 plantas.

Link de Internet

Origen y usos del carbón. Para enlazar, visita: **www.usborne-quicklinks.com/es**

La Meganeura, una libélula del tamaño de una gaviota.

Helechos

La formación del carbón

El suelo de los bosques estaba cubierto de plantas muertas y árboles caídos. Con el tiempo, fueron quedando enterrados bajo espesas capas de barro. El barro comprimió y aplastó las plantas. Con el paso de millones de años estos restos se convirtieron en carbón.

El dibujo muestra cómo se forma el carbón.

Las plantas y árboles muertos se acumulan.

El barro comprime plantas y árboles, que se convierten en turba blanda de color marrón.

La turba es comprimida, y se convierte en carbón duro negro.

★

Los primeros reptiles

Hace unos 300 millones de años, unos animales llamados reptiles lograron vivir en tierra firme, mientras que otros más primitivos todavía tenían que pasar algún tiempo en el agua.

El Hylonomus, parecido a un lagarto, fue uno de los primeros reptiles.

Link de Internet

Este sitio web explica las características que distinguen a los dinosaurios de los demás reptiles además de otros links. Para enlazar, visita: **www.usborne-quicklinks.com/es**

¿Qué es un reptil?

Los reptiles todavía existen en nuestros días. Tienen la piel dura y escamosa, y son animales de sangre fría. Ello significa que sus cuerpos no generan calor. Necesitan del sol para regular su temperatura y para producir energía. Las tortugas y los lagartos son reptiles.

A la izquierda, un reptil llamado iguana, que vive actualmente en América del Sur.

Piel escamosa

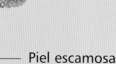

Todos los reptiles ponen huevos. La fotografía muestra una cría de tortuga saliendo del cascarón.

Todo tipo de reptiles

Algunos reptiles prehistóricos se parecían
bastante a los reptiles de nuestros días;
otros, en cambio, eran muy diferentes.
Unos eran grandes y fuertes, y
otros pequeños y delgados.
Algunos se alimentaban
de plantas y otros
cazaban animales.

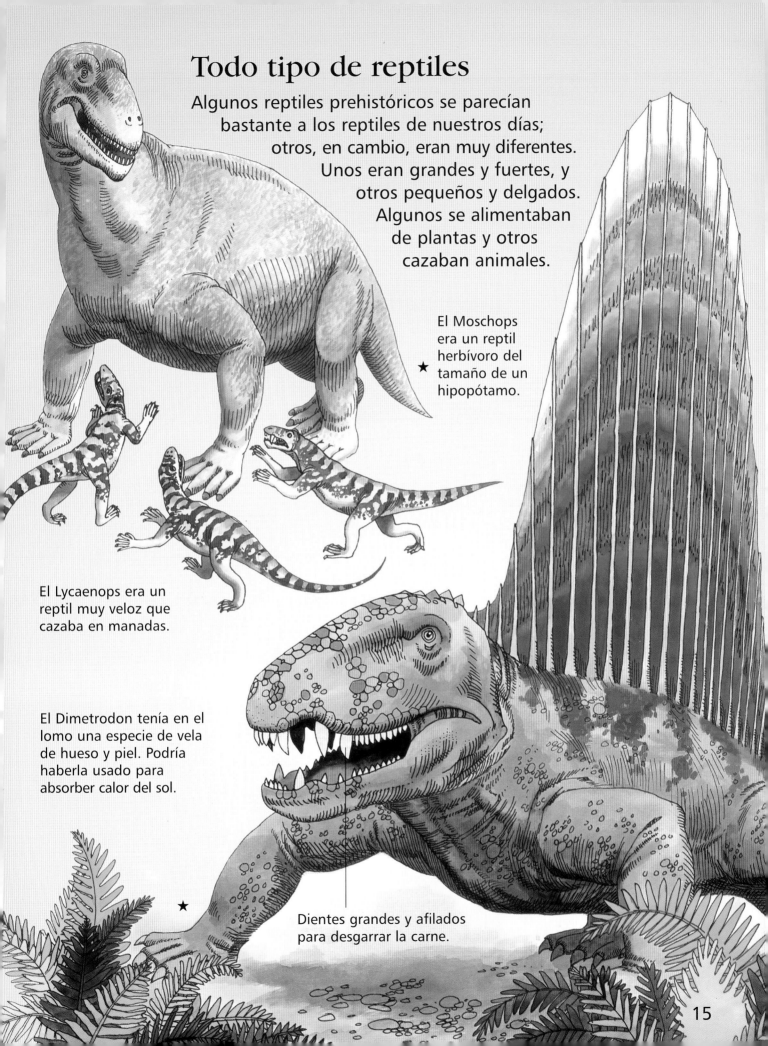

El Moschops
era un reptil
herbívoro del
tamaño de un
hipopótamo.

El Lycaenops era un
reptil muy veloz que
cazaba en manadas.

El Dimetrodon tenía en el
lomo una especie de vela
de hueso y piel. Podría
haberla usado para
absorber calor del sol.

Dientes grandes y afilados
para desgarrar la carne.

Los primeros dinosaurios

Los primeros dinosaurios aparecieron en la Tierra hace unos 225 millones de años. Los dinosaurios eran una nueva especie de reptiles.

Patas largas

Las patas de los dinosaurios eran más largas y fuertes que las de otros reptiles prehistóricos. Por eso muchos podían correr a gran velocidad.

La mayoría de los reptiles tienen patas cortas que sobresalen por los costados.

Los dinosaurios se mantenían erguidos sobre las patas, que eran largas y fuertes.

El Herrerasaurus, uno de los primeros dinosaurios.

Los primeros carnívoros

Los primeros dinosaurios corrían velozmente y eran carnívoros. Tenían unas patas delanteras cortas y fuertes, con afiladas garras para atacar a otros animales.

El Herrerasaurus era un dinosaurio carnívoro del tamaño de un caballo. Los dientes con forma de cuchillo podían cortar fácilmente la carne.

Los primeros dinosaurios carnívoros se alimentaban de lagartijas.

Fuertes patas

Link de Internet

Portal con noticias relacionadas con dinosaurios.
Para enlazar, visita: **www.usborne-quicklinks.com/es**

Los primeros herbívoros

Había dinosaurios que, en vez de carne, se alimentaban de vegetales. Eran más grandes que los carnívoros y vivían en manadas. Los herbívoros andaban a cuatro patas, pero también podían alzarse sobre las patas traseras para comer las hojas de la copa de los árboles.

El Plateosaurus, uno de los primeros dinosaurios herbívoros. Del hocico a la punta de la cola medía como cuatro personas tendidas unas tras otra.

Boca en forma de pico para masticar hojas

Garras para clavarlas en los árboles

Reptiles imponentes

En poco tiempo hubo una gran diversidad de dinosaurios. Los más grandes eran enormes y muy robustos. Durante 160 millones de años los dinosaurios fueron los animales más fuertes y veloces de la Tierra.

Dinosaurios predadores

Hubo muchas clases de dinosaurios carnívoros. Algunos eran enormes, otros del tamaño de un gato. Andaban con las patas traseras y eran expertos cazadores.

El Compsognathus era uno de los carnívoros más pequeños. Se alimentaba de insectos y otros animales minúsculos.

El Spinosaurus tenía unas mandíbulas alargadas, como las de un cocodrilo. Se cree que se alimentaba de peces de agua dulce.

Rápidos y letales

Uno de los predadores más feroces era un veloz dinosaurio llamado Coelophysis. Era de cuerpo delgado y huesos ligeros, lo que le permitía correr con gran rapidez.

El Coelophysis arremetía contra su presa con gran rapidez y la destrozaba con las garras y los colmillos.

Garras afiladas

Calor en el nido

El Oviraptor, un dinosaurio carnívoro, ponía huevos como las aves. Los incubaba hasta que las crías rompían el cascarón. (En la página 38 encontrarás más información sobre los huevos de dinosaurio).

Este Oviraptor se ha asentado en el nido para incubar (dar calor) a los huevos.

Se cree que el cuerpo del Oviraptor estaba cubierto de un pelo suave y sedoso.

Link de Internet

¿Quieres saber más sobre el pequeño Coelophysis? Para enlazar, visita: **www.usborne-quicklinks.com/es**

Dinosaurios "avestruz"

A un grupo de dinosaurios predadores con el pico y el cuello largo que parecían aves de gran tamaño y además eran muy veloces, se los conoce como dinosaurios "avestruz". Se alimentaban de insectos y lagartos.

Los dinosaurios "avestruz" no eran tan feroces como los carnívoros, pero podían escaparse de ellos a la carrera.

Los dinosaurios "avestruz" eran más veloces que los mejores atletas actuales.

Corrían velozmente con sus fuertes patas traseras.

La larga cola permitía a los dinosaurios mantener el equilibrio al correr.

Los raptores

Los Dromeosaurios, o raptores, eran unos de los dinosaurios carnívoros más feroces que han existido. Aunque no eran tan grandes como otros carnívoros, eran infalibles al cazar.

El Utahraptor, raptor de enorme tamaño, era más grande que un rinoceronte.

Máquinas de matar

Los raptores tenían enormes garras afiladas y grandes dientes agudos como los de una sierra. Eran animales inteligentes, con excelente vista y su velocidad los hacía muy peligrosos.

Los raptores cazaban en manadas. En el dibujo, unos Velociraptors atacan a un dinosaurio herbívoro, el Ienontosaurus.

Los raptores se aferran al dinosaurio con las garras.

Los Velociraptors tenían una uña enorme en cada pata.

Saltos mortales

Se cree que los raptores perseguían a otros animales a la carrera y los atacaban saltando sobre ellos con las patas extendidas y las garras abiertas para poder clavarles las uñas.

¿Antes que las aves?

Si bien la mayoría de los dinosaurios tenían la piel escamosa, se piensa que algunos de los raptores estaban cubiertos de pelo corto y sedoso. Otros incluso podrían haber tenido plumas. Los expertos piensan que con el tiempo estos raptores con plumas se convirtieron en las primeras aves.

Un Sinornithosaurus, dinosaurio raptor con plumas, salta por el aire para atacar a un animal.

Un dinosaurio con plumas como el de la ilustración no podría volar.

Link de Internet

Aquí podrás ver muchas ilustraciones detalladas de dinosaurios. Para enlazar, visita: www.usborne-quicklinks.com/es

Las primeras aves

Lentamente, ciertos tipos
de dinosaurios desarrollaron
alas y comenzaron a volar,
convirtiéndose en las primeras
aves del planeta. Con el paso
del tiempo se transformaron en
las aves que conocemos hoy.

Dinosaurios con plumas

Algunos dinosaurios
pequeños se parecían
bastante a los pájaros.
Tenían plumas en el cuerpo,
en las patas delanteras y en
la cola, pero no podían volar.

Imagen de un Caudipteryx,
un dinosaurio con plumas.

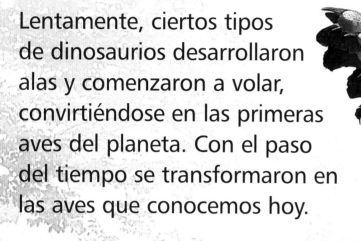

Aprender a volar

Fueron necesarios millones
de años antes de que los
dinosaurios se convirtieran
en pájaros. No se sabe
cómo empezaron a
volar; tal vez sucedió
de este modo:

Los primeros dinosaurios
con plumas trepaban a
los árboles y saltaban
de rama en rama.

Poco a poco les fueron
saliendo más plumas y
pudieron planear entre
los árboles.

Estas primeras aves
podrían haber sido
capaces de volar
batiendo las alas.

Un Archaeopteryx,
el primer pájaro.

El primer pájaro

El primer pájaro conocido es
el Archaeopteryx. Tenía largas
plumas y alas, como un
pájaro, pero también tenía
dientes y grandes garras
como un dinosaurio. Volaba
y atrapaba insectos.

Dientes puntiagudos
para atrapar insectos

El Archaeopteryx
tenía una cola larga
que le servía para
mantenerse estable
mientras volaba.

Fotografía de los restos de un Archaeopteryx conservados
en una roca. ¿Ves las plumas en las alas?

El Archaeopteryx utilizaba las
largas garras que tenía en las
alas para trepar a los árboles,
y levantar el vuelo.

Alas

Link de Internet

El Archaeopteryx, un antepasado
de las aves. Para enlazar, visita:
www.usborne-quicklinks.com/es

El Tyrannosaurus rex

Los tiranosaurios eran enormes dinosaurios carnívoros que andaban sobre las patas traseras. El mayor de todos, el Tyrannosaurus rex, era más alto que un elefante.

Mandíbulas gigantes

La fuerza del mordisco de un Tyrannosaurus rex no puede compararse a la de ningún animal terrestre actual. Los dientes que tenía eran como puñales afilados.

A veces los tiranosaurios peleaban entre sí. En la imagen, dos de ellos se preparan para luchar.

Patas largas y fornidas con las que arremetía contra los rivales.

Link de Internet

La vida y características del Tiranosaurio Rex en formato de ficha. Para enlazar, visita:
www.usborne-quicklinks.com/es

Al acecho

El Tyrannosaurus rex era demasiado pesado para correr muy rápido cuando cazaba. En vez de perseguir a otros dinosaurios, los tomaba por sorpresa. Primero se ocultaba y luego atacaba abalanzándose sobre su presa con las mandíbulas bien abiertas.

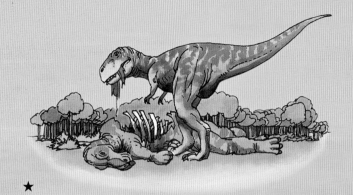

★

Además de cazar, el Tyrannosaurus rex solía comer los restos de animales muertos que encontraba a su paso.

Brazos pequeños con garras de uñas afiladas.

Brazos pequeños

El Tyrannosaurus rex tenía brazos muy cortos, algo que siempre ha extrañado a los expertos. No podía llevárselos cerca de la boca, es decir no podría haberlos usado para alimentarse. Nadie sabe con seguridad qué uso tendrían.

Después de un combate a muerte, el tiranosaurio vencedor solía comerse parte del vencido.

Dinosaurios gigantes

Los animales terrestres más grandes pertenecían al grupo de los dinosaurios saurópodos. Estos gigantes herbívoros andaban a cuatro patas.

¡Enormes!

Los saurópodos más pequeños eran del tamaño de un automóvil, pero los realmente grandes eran enormes. El saurópodo de mayor tamaño que conocemos es el Argentinosaurus. Era del largo de dos canchas de tenis seguidas.

Los saurópodos tenían la cabeza pequeña y el cuello muy largo, que servía para alcanzar las hojas de los árboles más altos.

Los saurópodos necesitaban patas fornidas para soportar el peso de cuerpos tan enormes.

Estos animales aplastaban plantas y derribaban árboles a su paso.

Cuidando a los pequeños

Los saurópodos vivían en manadas, es decir, en grandes grupos. Durante los desplazamientos, los dinosaurios más jóvenes permanecían en el centro del grupo. Los mayores se situaban en los flancos para proteger a las crías de los dinosaurios carnívoros.

Link de Internet

¿Cuál fue el dinosaurio más largo? Este y otros récords figuran en esta página. Para enlazar, visita: www.usborne-quicklinks.com/es

Las manadas de saurópodos se desplazan en busca de agua y alimento.

Cola larga

Cría de saurópodo

Dientes en forma de estacas para arrancar hojas de los árboles

Los saurópodos más grandes eran más altos que dos jirafas, de pie una encima de la otra.

Piedras en el estómago

Los dientes de los saurópodos eran más bien romos, por eso no podían masticar bien los alimentos. Para digerirlos mejor, se tragaban piedras pequeñas que, al moverse en el estómago, trituraban la comida.

Dinosaurios con pico de pato

Los hadrosaurios tenían un pico plano, parecido al de los patos, por eso se llaman "dinosaurios con pico de pato".

Picos y dientes

Los hadrosaurios se alimentaban de plantas. Con sus picos, fuertes y afilados, podían arrancar trozos de las plantas más duras. Las recias mandíbulas llegaban a tener hasta 2.000 dientes pequeños.

Los hadrosaurios trituraban bien los alimentos, ya que podían mover las mandíbulas de lado a lado, y de delante hacia atrás.

Cresta

Crestas increíbles

Muchos hadrosaurios tenían protuberancias (crestas) en la cabeza. Algunas crestas eran huecas y es posible sirvieran para que los hadrosaurious impulsaran aire por ellas y emitieran fuertes bramidos.

Un hadrosaurio ha divisado a los predadores y con un fuerte bramido alerta al resto de la manada.

Una pareja de raptores carnívoros se acerca sigilosamente a un grupo de hadrosaurios.

★

Cuidado de las crías

Año tras año, la misma manada de hadrosaurios volvía exactamente al mismo lugar para poner sus huevos. Al nacer las crías, la madre las protegía y las alimentaba.

Link de Internet

¿Te interesa saber más sobre los dinosaurios con pico de pato? Para enlazar, visita: **www.usborne-quicklinks.com/es**

Aquí puedes ver a un tipo de hadrosaurio, el Maiasaura, cuidando de sus crías en el nido.

Cada nido de hadrosaurio llegaba a tener 20 huevos.

El nido estaba hecho de tierra.

Las crías de hadrosaurio eran del tamaño de una gallina adulta.

Dinosaurios con cuernos

Los ceratópsidos eran dinosaurios herbívoros enormes con cuernos en la cabeza. También tenían un collar de hueso alrededor del cuello y los hombros.

Cuernos y collares

Los ceratópsidos usaban sus cuernos afilados, y sus collares de hueso, para defenderse de los dinosaurios carnívoros. Es probable que los ceratópsidos machos también se pelearan entre sí.

Dos ceratópsidos luchando.

★

Imagen de un Triceratops, el mayor de los ceratópsidos.

Picos afilados, como de loro, para cortar plantas

Para espantar al enemigo

Se piensa que los ceratópsidos adultos defendían a sus crías de ataques formando un círculo alrededor de ellas. Es posible que los adultos sacudieran la cabeza con cuernos para espantar a los dinosaurios carnívoros.

Aquí puedes ver un grupo de Triceratops. Los Triceratops adultos forman un círculo alrededor de las crías para protegerlas.

Cría de Triceratops

El Triceratops tenía
dos cuernos grandes
y uno más pequeño.

Este cuerno
tendría el mismo
tamaño que una
persona adulta.

Este enorme collar
de hueso protegía
la cabeza y el cuello
del dinosaurio.

Distintos tamaños

Había muchos tipos
distintos de ceratópsidos. El
Triceratops era del tamaño
de un elefante, aunque
otros ceratópsidos eran
del tamaño de un caballo.

Link de Internet

Página de actividades con
dibujos de dinosaurios para
colorear. Para enlazar, visita:
www.usborne-quicklinks.com/es

Los estegosaurios

Los estegosaurios eran grandes dinosaurios herbívoros con una serie de placas óseas a lo largo del lomo.

Púas y placas

Los estegosaurios utilizaban las placas para defenderse de los ataques de los dinosaurios carnívoros. También tenían púas largas y afiladas en la cola, la cual podían mover de un lado a otro para ahuyentar a los animales hostiles.

El Stegosaurus, el estegosaurio más grande que se conoce.

Púa afilada de la cola

Link de Internet

¿Quieres saber más sobre los Triceratops y ceratópsidos? Para enlazar, visita:
www.usborne-quicklinks.com/es

Las patas traseras de un Stegosaurus eran más largas que las delanteras.

Lentos y tontos

Cada una de las placas tenía una forma diferente.

Debido a su gran tamaño y peso, los estegosaurios se movían lentamente. Tenían un cerebro muy pequeño. El cuerpo era casi del tamaño de un ómnibus, y el cerebro del de una pelota de ping-pong.

Puedes ver el tamaño del cerebro del estegosaurio comparado con el de su cuerpo.

Cerebro

Para conservar el calor

Se cree que las placas de los estegosaurios servían para regular el calor corporal. Cuando tenían frío, se situaban con las placas hacia el sol para absorber el calor y no pasar frío.

Estos estegosaurios están tomando el calor del Sol.

Cabezas duras

Los paquicefalosaurios eran herbívoros que tenían una gruesa cúpula de hueso en la cabeza, por eso se los conoce como "cabezas duras". A veces los machos peleaban entre sí.

El Pachycephalosaurus era el mayor de los dinosaurios de cabeza dura. Aquí puedes ver dos en pleno combate.

Los dinosaurios de cabeza dura tenían un lomo fuerte, de manera que cuando uno embestía a otro en una pelea no se rompían los huesos.

La cola, recta y rígida, les servía para mantener el equilibrio al correr.

Patas fuertes y musculosas

Duelo a cabezazos

Los dinosaurios de cabeza dura vivían en manadas, es decir, en grandes grupos. Los machos luchaban entre sí para establecer su superioridad. Dos de ellos se embestían una y otra vez, golpeándose el cráneo hasta que el más débil se daba por vencido.

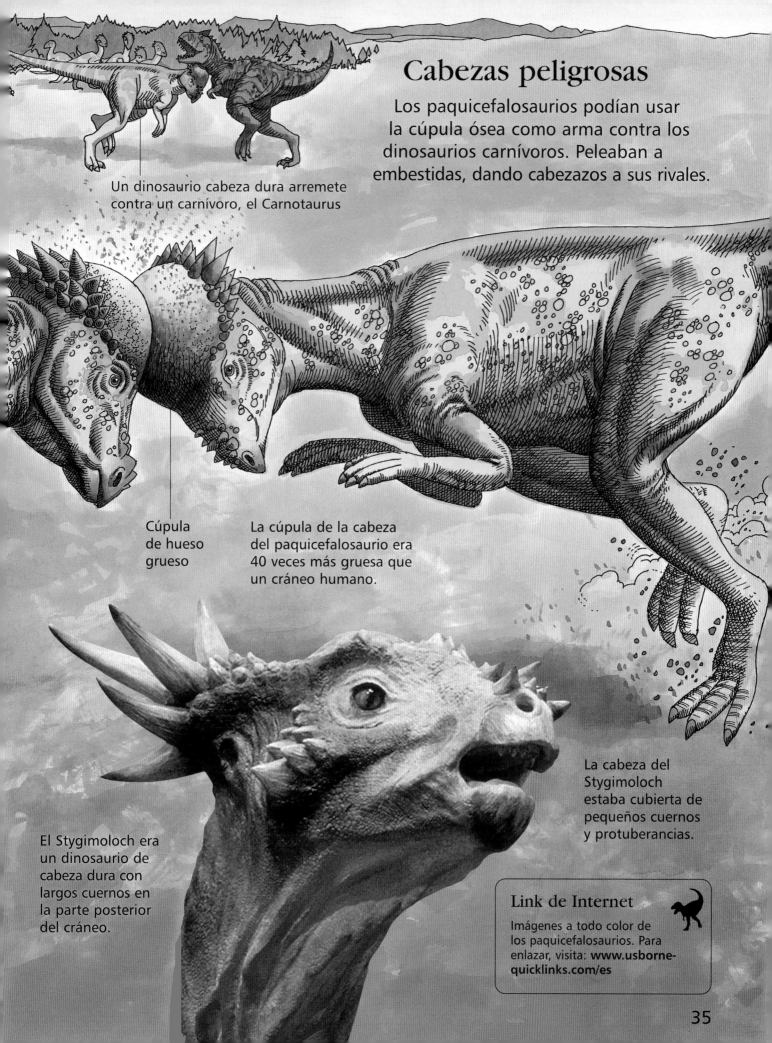

Cabezas peligrosas

Los paquicefalosaurios podían usar la cúpula ósea como arma contra los dinosaurios carnívoros. Peleaban a embestidas, dando cabezazos a sus rivales.

Un dinosaurio cabeza dura arremete contra un carnívoro, el Carnotaurus

Cúpula de hueso grueso

La cúpula de la cabeza del paquicefalosaurio era 40 veces más gruesa que un cráneo humano.

El Stygimoloch era un dinosaurio de cabeza dura con largos cuernos en la parte posterior del cráneo.

La cabeza del Stygimoloch estaba cubierta de pequeños cuernos y protuberancias.

Link de Internet

Imágenes a todo color de los paquicefalosaurios. Para enlazar, visita: www.usborne-quicklinks.com/es

35

Dinosaurios con púas

Los anquilosaurios estaban cubiertos de púas
y placas óseas muy duras, que los protegían
de los dinosaurios carnívoros.

El lomo de un
anquilosaurio estaba
completamente cubierto
de placas de hueso.

Bien protegidos

Los anquilosaurios eran lentos y pesados,
pero estaban tan bien protegidos que no
necesitaban huir de los carnívoros. Sólo el
vientre blando de un anquilosaurio era
vulnerable al ataque de un predador.

En la escena vemos un
Ankylosaurus, el mayor de los
anquilosaurios, rodeado por un
grupo de raptores carnívoros.

Link de Internet

Página web con descripción detallada
de los anquilosaurios. Para enlazar, visita:
www.usborne-quicklinks.com/es

Colas temibles

Algunos anquilosaurios tenían una enorme maza de hueso en el extremo de la cola, que usaban para golpear a los dinosaurios carnívoros.

Un Tyrannosaurus rex pelea con un Euplocephalus, un tipo de anquilosaurio.

★

Maza de hueso

Con la maza de la cola, el Euplocephalus podía romper los huesos de otros dinosaurios.

Púa de hueso

El anquilosaurio se agazapa en el suelo para mantener el vientre protegido.

Crías de dinosaurio

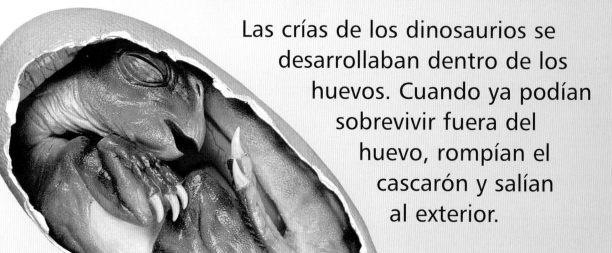

Las crías de los dinosaurios se desarrollaban dentro de los huevos. Cuando ya podían sobrevivir fuera del huevo, rompían el cascarón y salían al exterior.

Aquí falta parte de la cáscara del huevo para que puedas ver su interior.

Aquí puedes ver una cría de dinosaurio en el interior del huevo. Todavía no ha crecido lo suficiente para romper el cascarón.

Construcción del nido

Los dinosaurios construían nidos para proteger sus huevos y darles calor. Hacían un montículo de tierra con un hoyo en la parte de arriba, donde ponían los huevos. Los cubrían con hojas para protegerlos del frío hasta que las crías rompieran el cascarón.

Fuera del huevo

El cascarón de un huevo de dinosaurio era diez veces más grueso que el de una gallina. Las crías de dinosaurio tenían un diente puntiagudo especial que usaban para romper el cascarón y salir del huevo.

Crías de dinosaurio Orodromeus que acaban de salir del cascarón. Aquí puedes ver el nido de barro y hojas.

El crecimiento

Aún los dinosaurios más grandes tenían crías bastante pequeñas. Parece increíble, pero algunos dinosaurios adultos eran 200 veces más grandes que sus crías. Los expertos no conocen con exactitud el ritmo de crecimiento de los dinosaurios. Es probable que algunos tardaran hasta 20 años en alcanzar su tamaño adulto.

A la derecha puedes ver una cría de saurópodo con su madre. Los adultos eran enormes, pero sus crías eran del tamaño de un gato aproximadamente.

★

Link de Internet

¿Cómo vivían los dinosaurios y cómo cuidaban a sus crías? Para enlazar, visita: **www.usborne-quicklinks.com/es**

Los reptiles marinos

Aunque los dinosaurios vivían en tierra firme, otros reptiles prehistóricos habitaban en el mar.

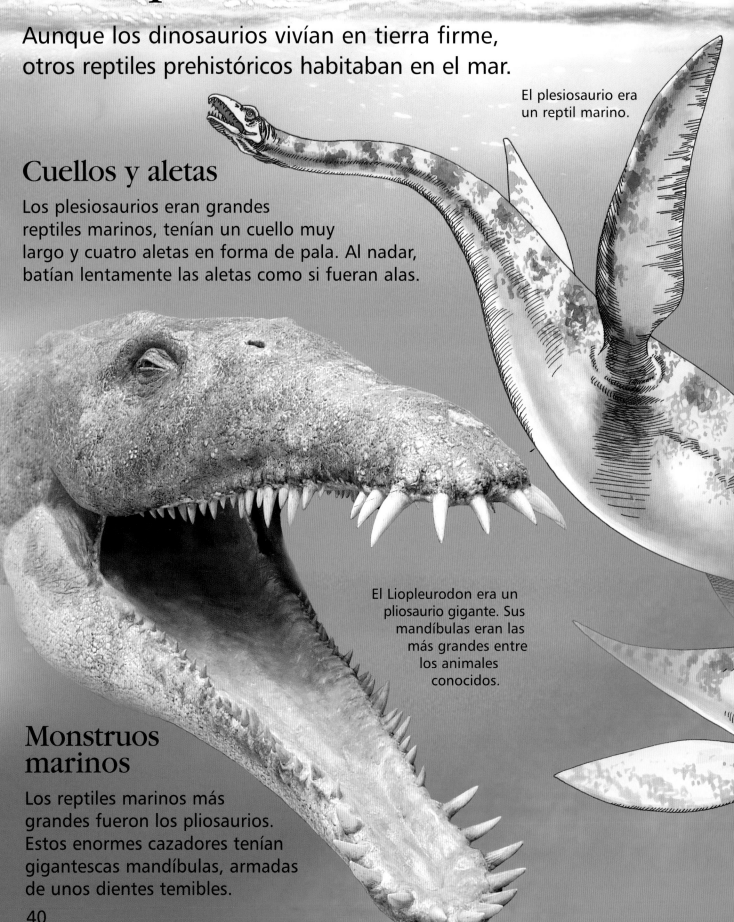

El plesiosaurio era un reptil marino.

Cuellos y aletas

Los plesiosaurios eran grandes reptiles marinos, tenían un cuello muy largo y cuatro aletas en forma de pala. Al nadar, batían lentamente las aletas como si fueran alas.

El Liopleurodon era un pliosaurio gigante. Sus mandíbulas eran las más grandes entre los animales conocidos.

Monstruos marinos

Los reptiles marinos más grandes fueron los pliosaurios. Estos enormes cazadores tenían gigantescas mandíbulas, armadas de unos dientes temibles.

Aire para respirar

La mayoría de los animales marinos pueden respirar bajo el agua, pero los reptiles marinos necesitaban aire para sobrevivir. Tenían que subir a la superficie de vez en cuando para respirar.

Un plesiosaurio saca la cabeza fuera del agua para respirar.

Link de Internet

Información y datos clave sobre los dinosaurios marinos. Para enlazar, visita: www.usborne-quicklinks.com/es

Expertos nadadores

Los ictiosaurios eran reptiles marinos parecidos a los delfines. Nadaban deslizándose por el agua con facilidad y rapidez. Para desplazarse, agitaban la cola de lado a lado.

Hocico largo y afilado

Al nadar, los ictiosaurios usaban las aletas para cambiar de dirección.

Además de reptiles marinos, había muchos otros animales con caparazón, por ejemplo el amonites.

El Peloneustes es un pliosaurio que podía sumergirse en las profundidades del mar.

41

Los reptiles voladores

Los pterosaurios eran unos reptiles alados que vivieron en la misma época que los dinosaurios.

Pterosaurios distintos

Los pterosaurios tenían amplias alas de piel y el cuerpo cubierto de pelo. Algunos tenían una larga cola de hueso y otros tenían una cola corta. El pterosaurio más pequeño no era más grande que un pato, pero los mayores podían llegar a ser del tamaño de una avioneta.

Las alas de un pterosaurio estaban adheridas tanto a las patas delanteras como al cuerpo.

El Pterodactylus tenía una cola corta que le servía para girar en el aire cuando cazaba insectos al vuelo.

El Pterodaustro tenía hileras de dientes finos, como las cerdas de un cepillo de pelo. Con el pico recogía agua y atrapaba diminutos organismos marinos entre los dientes.

Huesos huecos

Los pterosaurios tenían huesos muy ligeros y huecos. Por ello, aún los más grandes eran lo suficientemente ligeros como para despegar del suelo y permanecer en el aire.

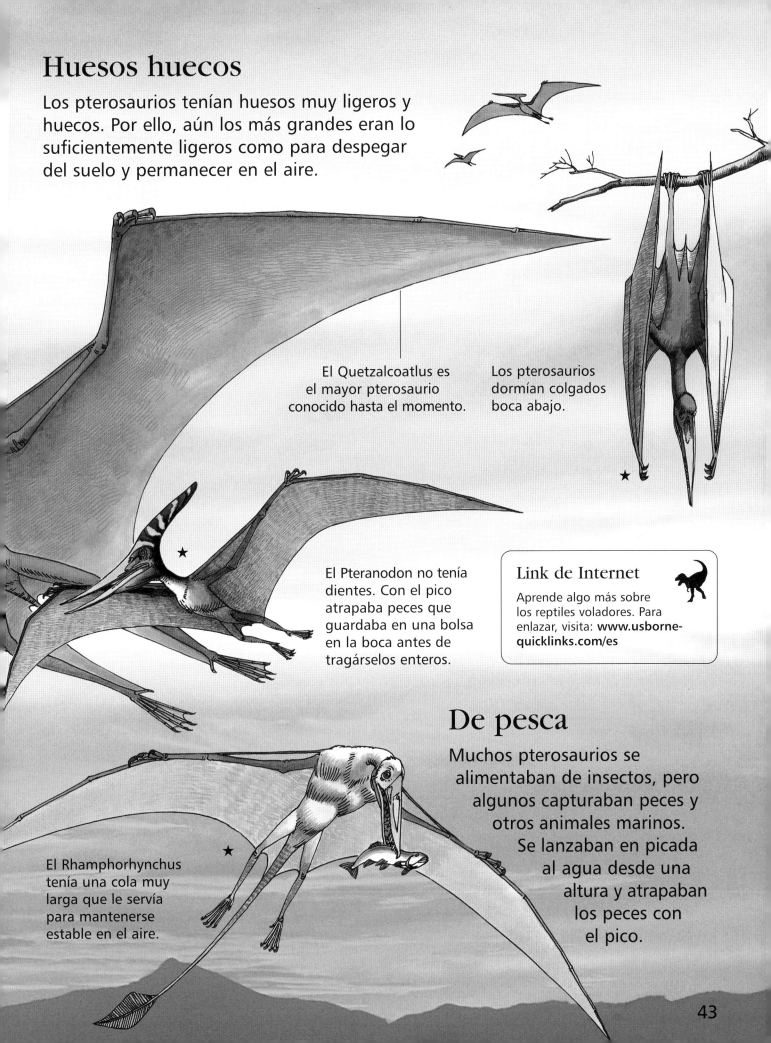

El Quetzalcoatlus es el mayor pterosaurio conocido hasta el momento.

Los pterosaurios dormían colgados boca abajo.

El Pteranodon no tenía dientes. Con el pico atrapaba peces que guardaba en una bolsa en la boca antes de tragárselos enteros.

Link de Internet

Aprende algo más sobre los reptiles voladores. Para enlazar, visita: **www.usborne-quicklinks.com/es**

De pesca

Muchos pterosaurios se alimentaban de insectos, pero algunos capturaban peces y otros animales marinos. Se lanzaban en picada al agua desde una altura y atrapaban los peces con el pico.

El Rhamphorhynchus tenía una cola muy larga que le servía para mantenerse estable en el aire.

43

La extinción de los dinosaurios

Los dinosaurios se extinguieron hace más de 65 millones de años. Los reptiles voladores y la mayoría de los reptiles marinos también se extinguieron. Pero, ¿cómo sucedió?

Una roca mortífera

Hace 65 millones de años, una roca gigantesca procedente del espacio, o meteorito, chocó con la Tierra. El meteorito era del tamaño de una ciudad pequeña. La mayoría de los expertos piensan que pudo haber provocado la extinción de los dinosaurios.

Cuando el meteorito chocó con la Tierra, hubo una enorme explosión. El dibujo muestra cómo pudo haber ocurrido.

Nubes de polvo

El meteorito se deshizo en trozos pequeñísimos. El mundo estuvo rodeado de nubes de polvo durante meses y como no dejaban pasar la luz del Sol, todo estaba oscuro y hacía frío, lo que dificultó la supervivencia de los animales.

El dibujo muestra lo que pudo haber ocurrido después de que el meteorito alcanzara la Tierra.

Como el aire estaba lleno de polvo, era muy difícil respirar.

Volcanes

Al mismo tiempo, en distintas partes del mundo muchos volcanes entraron en erupción, arrojando ríos de lava al rojo vivo (roca fundida) sobre la superficie de la Tierra. Los volcanes, también expulsaban gases tóxicos. Todo esto hizo que fuera aún más difícil vivir en el planeta.

Aquí puedes ver lava saliendo de un volcán. La lava lo quema todo a su paso.

Link de Internet

Teorías científicas que explican la extinción de dinosaurios. Para enlazar, visita: **www.usborne-quicklinks.com/es**

Supervivientes misteriosos

No todos los animales desaparecieron hace 65 millones de años; los lagartos, las aves, las serpientes y muchos otros seres vivos sobrevivieron y aún no sabemos por qué.

También sobrevivió un grupo de animales pequeños con pelo: los mamíferos. La rata es un mamífero.

Trozos de roca que salían despedidos.

El meteorito hizo temblar la Tierra. Se abrieron profundas grietas en el suelo.

45

Los primeros mamíferos

Un grupo de animales llamados mamíferos vivió en la Tierra en la época de los dinosaurios. Después de la extinción de éstos, comenzaron a aparecer nuevos tipos de mamíferos. Poco a poco, se extendieron por el mundo entero.

El Platybelodon fue un mamífero prehistórico.

★ El Ptilodus, parecido a una ardilla, fue uno de los primeros mamíferos.

¿Qué es un mamífero?

Todos los mamíferos amamantan a sus crías. Son animales de sangre caliente, es decir que pueden generar calor y mantenerlo aunque haga frío. La mayoría de los mamíferos tiene la piel cubierta de pelo. Los gatos, los caballos y los seres humanos son mamíferos.

Aquí puedes ver a una leona amamantando a sus cachorros.

★

Mamíferos en abundancia

Hubo muchos tipos de mamíferos prehistóricos. Algunos se alimentaban de plantas y otros cazaban animales. La mayoría de los mamíferos vivían a nivel del suelo, algunos se subían a los árboles y otros volaban. También había mamíferos que vivían en el mar.

El Smilodectes era un mamífero pequeño que trepaba a los árboles.

El Icaronycteris era uno de los primeros murciélagos.

El Platybelodon era una especie de elefante; tenía una trompa ancha y plana.

Colmillo puntiagudo

Dientes como palas para recoger los alimentos

Otros mamíferos

Algunos mamíferos prehistóricos eran carnívoros que cazaban otros animales. Otros mamíferos eran herbívoros.

Cazadores

Muchos de los carnívoros se parecían a los perros, zorros y felinos de la actualidad. Eran veloces, muy astutos y tenían una vista excelente. Algunos tenían dientes largos y puntiagudos y zarpas de uñas afiladas para desgarrar la carne.

★
El Smilodon era un felino parecido a un tigre; tenía dos colmillos enormes.

La caza en manadas

Los primeros perros y lobos cazaban en manadas, es decir en grandes grupos. Así podían matar animales mucho más grandes que ellos.

Una manada de lobos se acerca a un Titanotylopus, un camello primitivo, para cazarlo.

El camello era más grande que los camellos actuales.

Los lobos se acercan lentamente rodeando al camello.

A salvo

Los mamíferos herbívoros se defendían de los predadores de distintas maneras.

Algunos herbívoros tenían afilados cuernos en la cabeza. Otros tenían patas largas y corrían velozmente para escapar de los carnívoros. Muchos herbívoros vivían en grandes manadas para protegerse mutuamente.

El Brontotherium, que se alimentaba de plantas, tenía enormes cuernos en el hocico.

Los antílopes eran herbívoros. En el dibujo, la manada de antílopes huye de un felino.

Tenían cuernos puntiagudos y afilados para defenderse.

Link de Internet

Aprende las principales características de los mamíferos terrestres, aéreos y acuáticos en esta página. Para enlazar, visita: **www.usborne-quicklinks.com/es**

Los antílopes tenían las patas largas para correr y escaparse de los predadores.

49

Mamíferos de América del Sur

Actualmente América del Norte y América del Sur están unidas en un solo continente. Pero hace millones de años, América del Sur era una isla. Algunos de los mamíferos que vivían allí no se parecían en nada a los de otras partes del mundo.

Link de Internet

Página con información sobre los mamíferos extintos de América del Sur. Para enlazar, visita: **www.usborne-quicklinks.com/es**

El Toxodon parecía un hipopótamo con pelo.

El Argyrolagus se asemejaba a una rata. Llevaba a sus crías en una bolsa en el vientre, como los canguros.

La Macrauchenia parecía un camello con trompa.

Perezosos lentos

Los perezosos constituían un peculiar grupo de mamíferos de América del Sur. Eran animales herbívoros, su pelaje era largo y tupido y se movían muy lentamente. Si eran atacados, no podían escaparse pero tenían uñas grandes y afiladas para defenderse.

A la izquierda, el Megatherium, un perezoso gigante que era el doble de grande que un hipopótamo.

Perezoso sudamericano de nuestros días. Los perezosos pasan la mayor parte de su vida en los árboles.

Cúpula ósea

Los gliptodontes eran herbívoros cuyo caparazón óseo en forma de cúpula los protegía de los carnívoros.

El Doedicurus era un gliptodonte del tamaño de un automóvil pequeño.

El Doedicurus tenía una cola con púas para defenderse de los ataques de los carnívoros.

★

Mamíferos de la era glaciar

Durante una glaciación el clima se enfría en todo el planeta y buena parte de su superficie se cubre de gruesas capas de hielo. Desde los comienzos de la Tierra ha habido varias glaciaciones o eras glaciares.

Los rinocerontes lanudos, como el de la imagen, vivieron en la última era glaciar. Estaban cubiertos por un espeso pelaje.

Sobrevivir al frío

La última glaciación empezó hace 100.000 años. Muchos mamíferos abandonaron los lugares más fríos, y se trasladaron a zonas más cálidas. A los animales que se quedaron en las tierras heladas les creció un pelaje muy tupido que los protegía del frío.

Éstos son algunos de los mamíferos de la última era glaciar.

El zorro ártico era un buen cazador. Su blanco pelaje le servía para ocultarse en la nieve.

★ Liebre ártica

Los renos vivían en grandes manadas. Se defendían de los carnívoros con la cornamenta.

Los mamuts lanudos eran elefantes con una gruesa capa de pelo.

Los mamuts usaban los colmillos para abrirse paso por la nieve y buscar plantas para comer.

Link de Internet

Con un simple trozo de papel y un poco de paciencia podrás fabricar un mamut, un Tiranosaurus y otros animales prehistóricos. Para enlazar, visita: **www.usborne-quicklinks.com/es**

Un viento glacial soplaba en las llanuras heladas.

Después de la era glaciar

La última glaciación terminó hace unos 10.000 años. En dicho período se extinguieron muchos animales. Los expertos creen que el clima más cálido era desfavorable para la supervivencia de los animales de la era glaciar. Además, los primeros humanos cazaban gran cantidad de mamuts y rinocerontes lanudos.

Los primeros humanos

Durante millones de años no hubo seres humanos en la Tierra. ¿De dónde viene el hombre?

En dos extremidades

Hace algo más de cinco millones de años, algunos simios africanos aprendieron a caminar con dos patas. Con el tiempo, esos simios se convirtieron en los primeros humanos.

El australopiteco es una especie de simio que caminaba sobre dos patas. Tenía grandes mandíbulas y se alimentaba de hierbas y raíces.

De simios a hombres

Los primeros humanos todavía se parecían bastante a los simios. Tenían grandes mandíbulas y el cuerpo cubierto de pelo. Poco a poco, fueron perdiendo el pelo y el cerebro aumentó de tamaño. Con el tiempo, aprendieron a hacer herramientas de piedra, a dominar el fuego y a comunicarse mediante el lenguaje.

La escena muestra cómo vivían los humanos primitivos hace unos dos millones de años.

Los hombres traen animales que han cazado.

Los humanos recogían frutas y frutos secos para comer.

Dos hombres emplean arpones de madera para pescar.

Nuevos seres humanos

Hace 150.000 años vivieron en la Tierra seres humanos como nosotros. Se desplazaban de un lugar a otro, cazaban animales y recolectaban plantas para comer.

El hombre pintó animales en las paredes de las cuevas, como este caballo de una caverna en Francia.

Los humanos empleaban lanzas y piedras para cazar ciervos y otros animales de los que alimentarse.

El fuego era útil para cocinar la carne y protegerse del frío.

Afilando trozos de piedra, los hombres fabricaban sencillos cuchillos.

Link de Internet

La Prehistoria humana desde su comienzo. Para enlazar, visita: **www.usborne-quicklinks.com/es**

Los primeros agricultores

Hace alrededor de 10.000 años, los hombres empezaron a cultivar plantas y criar animales. En vez de desplazarse de un lugar a otro, se asentaron cerca de sus cultivos. Así comenzaron los poblados.

¿Cómo lo sabemos?

Casi todo lo que conocemos sobre la vida en la Prehistoria es gracias a los fósiles, que son restos de plantas y animales muertos conservados bajo tierra.

Fósil de un animal marino, el amonites

¿Qué son los fósiles?

Cuando muere un animal, por lo general se descompone por completo. Pero a veces, ciertas partes de un animal muerto se endurecen y se convierten en fósiles. Así es como sucede:

Un animal muere y el cuerpo blando se descompone. El esqueleto queda enterrado bajo capas de barro.

Lentamente, el barro se convierte en piedra y algunos de sus elementos químicos penetran en los huesos del animal.

Poco a poco, dichos elementos se van endureciendo en los huesos. Al cabo de mucho tiempo, el esqueleto se fosiliza.

Aquí vemos a un científico picando la roca para dejar al descubierto un fósil enterrado. ¿Puedes ver los dientes del dinosaurio?

Reconstrucción de los esqueletos

Si se encuentran fósiles de los huesos de un animal muerto, los expertos pueden reconstruir el esqueleto. Así determinan el tamaño del animal y la forma que tenía. Incluso si no encuentran todos los huesos, pueden hacerse una buena idea de su aspecto original.

Link de Internet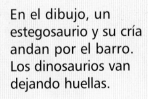

Breve historia del descubrimiento de los dinosaurios. Para enlazar, visita:
www.usborne-quicklinks.com/es

Otros fósiles

A veces, además de los huesos también se conservan las partes blandas de un animal prehistórico, como la piel y los músculos. También se han conservado huellas de dinosaurios al endurecerse las pisadas en el barro. Los expertos han encontrado incluso fósiles de estiércol de dinosaurio, que sirven para conocer de qué se alimentaban.

Esqueleto de un Deinonychus, dinosaurio carnívoro.

En el dibujo, un estegosaurio y su cría andan por el barro. Los dinosaurios van dejando huellas.

Nuevos descubrimientos

Aunque los dinosaurios se extinguieron hace millones de años, todavía podemos saber más sobre ellos. Los expertos siguen descubriendo nuevos fósiles en muchas partes del mundo.

Cuatro alas con plumas

En el año 2002 se descubrió en China el fósil de un misterioso animal. Se trataba de un dinosaurio pequeño con plumas y cuatro alas. Puede que este animal planeara de rama en rama.

El Microraptor, un dinosaurio con cuatro alas.

Link de Internet

Juega al detective en estas páginas de dinosaurios, juegos y aventuras. Para enlazar, visita: **www.usborne-quicklinks.com/es**

Dientes de conejo

La mayoría de los animales que caminaban con dos patas eran feroces carnívoros con dientes afiladísimos. Pero en el 2002 se encontró un fósil que nos muestra un tipo de dinosaurio bípedo muy distinto. Tenía dientes romos como los de un conejo, y es probable que se alimentara de plantas en lugar de carne.

El Incisivosaurus, pudo haber tenido plumas en el cuerpo y extremidades superiores.

El Incisivosaurus, un dinosaurio bípedo que tenía dientes romos como los de un conejo.

58

Robots de dinosaurios

Podemos conocer más sobre los animales prehistóricos de muchas maneras. Algunos científicos construyen modelos animados de los dinosaurios, que sirven para ver cómo se movían exactamente.

El modelo animado del cráneo de un tiranosaurio muestra la fuerza con qué podía morder este dinosaurio.

Los dinosaurios cobran vida

Algunos robots animados de dinosaurios son de tamaño natural. Los pintan de tal forma, que los hacen parecer vivos. Ello nos permite darnos una idea del aspecto real que hubieran tenido los animales prehistóricos.

Especialistas pintan un modelo animado de un reptil, el Dimetrodon.

Datos y cifras de la prehistoria

En esta página encontrarás algunos datos y récords sobre los dinosaurios y otros animales prehistóricos.

El primer dinosaurio: Los primeros dinosaurios conocidos son el Herrerasaurus y el Eoraptor. Eran unos carnívoros muy veloces que vivieron hace unos 230 millones de años.

El dinosaurio más pequeño: El dinosaurio más pequeño es el Micropachycephaloaurus. Tenía 50 cm de largo, es decir, el tamaño de un gato. El Micropacycephalosaurus también posee otro record debido a su nombre: con 23 letras, resulta ser el nombre más largo.

El dinosaurio con el nombre más corto: El nombre de un dinosaurio herbívoro con placas óseas en el cuerpo consta sólo de cinco letras: Minmi

El dinosaurio más grande: El más grande que se conoce es el Argentinosaurus. Este herbívoro gigante tal vez alcanzaba los 50 m de largo, es decir, más largo que dos autobuses colocados en fila.

El dinosaurio carnívoro más grande: El mayor dinosaurio carnívoro descubierto hasta hoy es el Giganotosaurus. Este enorme cazador medía más de 12 m de largo, es decir, era más grande que el Tyrannosaurus rex.

El dinosaurio más inteligente: El Troodon era el dinosaurio que tenía el cerebro más grande en relación al cuerpo. El Troodon era un carnívoro veloz. Los dinosaurios carnívoros eran más inteligentes que los herbívoros.

El dinosaurio menos inteligente: El dinosaurio que tenía el cerebro más pequeño comparado con el tamaño de su cuerpo era el Apatosaurus, uno de los enormes saurópodos herbívoros.

El dinosaurio con más años: Es probable que los enormes saurópodos como el Apatosaurus y el Brachiosaurus vivieran hasta los 100 años.

El dinosaurio más veloz: El más veloz era un dinosaurio avestruz llamado Gallimimus. Los expertos piensan que podía llegar a correr tan deprisa como un avestruz actual, es decir unos 56 km/h.

La cola más larga: El dinosaurio con la cola más larga era el Diplodocus, un saurópodo. Su cola, como un látigo, medía 13 m de largo.

El cuello más largo: El dinosaurio que tenía el cuello más largo era el Mamenchisaurus. Su cuello alcanzaba los 15 m de largo.

La cabeza más grande: Un dinosaurio herbívoro con cuernos, el Torosaurus, tenía el mayor cráneo de todos los animales terrestres que han existido. Su cabeza casi medía 3 m de largo. De costado y en el suelo sería más alta que una persona.

Las zarpas más largas: El dinosaurio con las más largas era el Therizinosaurus, medían unos 70 cm de largo. Sorprendentemente, era quizás un herbívoro y no un carnívoro. No se sabe porque tenía unas zarpas tan grandes. Tal vez las empleaba para defenderse de los carnívoros.

Los huevos más grandes: Los saurópodos ponían los huevos más grandes de todos los dinosaurios. Los huevos medían unos 30 cm de largo, pero eran increíblemente pequeños comparados con el enorme tamaño de los dinosaurios adultos.

Las mandíbulas más grandes: Las mandíbulas más grandes eran las de un reptil marino, el Liopleurodon. Las mandíbulas medían 3 m de largo y los dientes 30 cm de largo.

El mamífero más grande: El mayor mamífero de todos los que han existido en tierra firme era el Indricotherium. Era un herbívoro gigante que pesaba como cuatro elefantes juntos.

Vocabulario de la Prehistoria

En esta página encontrarás el significado de algunas palabras que aparecen en el libro y en otros libros sobre la vida en la Prehistoria.

anfibio: animal que puede vivir en el agua o en la tierra. Las ranas y los sapos son anfibios.

carnívoro: animal que sólo se alimenta de carne.

carroñero: animal que se alimenta de carne de los animales muertos que encuentra.

dinosaurio: una especie de reptil prehistórico. Los dinosaurios se extinguieron hace 65 millones de años.

era glaciar (glaciación): período en el que hace mucho frío en todas partes del mundo. La última era glaciar terminó hace 10.000 años.

especie: un tipo determinado de planta o animal. Los leones son de una especie y los tigres de otra.

evolución: la idea de que los seres vivos cambian lentamente a lo largo del tiempo.

extinto: palabra que se emplea para describir un animal o planta que ya no existe. Los dinosaurios están extintos.

fósil: restos de un animal o planta muertos conservados en roca.

fosilizar: convertirse en fósil.

herbívoro: animal que sólo se alimenta de plantas.

mamífero: animal que amamanta a sus crías. Los mamíferos son animales de sangre caliente, y la mayoría tiene pelo en el cuerpo. Los perros y los seres humanos son mamíferos.

manada: grupo de animales que viven juntos.

omnívoro: animal que se alimenta tanto de carne como de plantas.

paleontólogo: científico que estudia los fósiles para averiguar datos sobre los animales y las plantas prehistóricas.

raptor: dinosaurio carnívoro que caminaba sobre dos patas. Los raptores tenían enormes garras y eran temibles cazadores.

reptil: animal con piel escamosa que pone huevos y es de sangre fría. Los lagartos y las serpientes son reptiles.

El pliosaurio, reptil marino que vivió en la misma época que los dinosaurios.

Índice alfabético

Agradecimientos

Usborne agradece a las personas y entidades que a continuación se citan la autorización concedida para reproducir el material gráfico utilizado.

Clave:

a (arriba), b (abajo), d (derecha), i (izquierda), m (medio)

Portada (imagen principal) ©Kokoro Company Ltd.; (fondo) ©Digital Vision; (libélula) ©Peter Johnson/CORBIS; p5 ©Joe McDonald/CORBIS; pp6-7 ©Mark Garlick/Science Photo Library; p7ad ©Sinclair Stammers/Science Photo Library; p9 (coral) ©Digital Vision; p12 ©Ron Holthuysen Scientific Art Studio; p13 ©Dr George C. McGavin/Oxford University Museum of Natural History; p14I ©David A. Northcott/CORBIS; p14bd ©NHPA/Daniel Heuclin; p16 ©1997, Carlos Papolio; p18ai ©2003, Griffon Enterprises; p18b ©Gary Staab; p18 (fondo) ©Digital Vision; p19 ©Kokoro Company Ltd.; pp20- 21 ©Alan Groves; p22bi ©Alan Groves; pp22-23 ©Oxford University Museum of Natural History; p23 ©James L. Amos/CORBIS; p24 ©Kokoro Company Ltd.; p25 ©Kokoro Company Ltd.; pp24-25 (fondo) ©Digital Vision; p28 ©Kokoro Company Ltd.; p29 ©Kokoro Company Ltd.; pp28-29 (helechos) ©Digital Vision; pp30-31 ©Kokoro Company Ltd.; pp32-33 (estegosaurios) ©Kokoro Company Ltd.; pp32- 33 (fondo) ©Digital Vision; p35 © todos los derechos reservados, Image Archives, Denver Museum of Nature and Science; pp36-37 (todos los dinosaurios) ©Kokoro Company Ltd.; pp36-37 (fondo) ©Digital Vision; p38ai ©The Natural History Museum, Londres; pp38-39 ©The Natural History Museum, Londres; p40 (Liopleurodon) ©Oxford University Museum of Natural History; p41 (ictiosaurio) ©Ron Holthuysen Scientific Art Studio; pp40-41 (fondo) ©Digital Vision; pp42-43 (fondo) ©Digital Vision; p44 ©Digital Vision (manipulación digital a cargo de Wychnet ICT Solutions); p45 ©Kevin Schafer/CORBIS; pp46-47 (elephant) ©Kokoro Company Ltd.; p46-47 (fondo) ©Digital Vision; p49 ©Ron Holthuysen Scientific Art Studio; p51 ©Michael y Patricia Fogden/CORBIS; p52 (rinoceronte) ©Kokoro Company Ltd.; p53 (mamut) ©Kokoro Company Ltd.; pp52-53 (fondo) ©Digital Vision; p54 ©BOSSU REGIS/CORBIS SYGMA; p55 ©Bettmann/CORBIS; p56 ©Jonathan Blair/CORBIS; p57 ©The Natural History Museum, Londres; pp58-59 (fondo) ©Digital Vision; p59a ©Robert Caputo/AURORA; p59b ©Peter Menzel, Dinamation/Science Photo Library.

Diseño de portada: Neil Francis
Diseño adicional: Stephanie Jones
Manipulación de imágenes digitales: Keith Newell, Mark Franklin, John Russell y Wychnet ICT Solutions
Ilustraciones adicionales: Ian Jackson, John Hughes e Inklink Firenze
Fotografía adicional: MMStudios
Redacción: Fiona Chandler
Investigación adicional: Ruth King y Claire Masset
Dirección editorial: Felicity Brooks
Dirección de diseño: Mary Cartwright